AF602176

TRIDUUM SOLENNEL

EN L'HONNEUR DU BIENHEUREUX

J.-B. DE LA SALLE

CÉLÉBRÉ DANS LA CATHÉDRALE DE BOURGES

Les 17, 18, 19 et 20 Janvier 1889

BOURGES
IMPRIMERIE TARDY-PIGELET
15, RUE JOYEUSE, 15

1889

TRIDUUM SOLENNEL

EN L'HONNEUR DU BIENHEUREUX

J.-B. DE LA SALLE

TRIDUUM SOLENNEL

EN L'HONNEUR DU BIENHEUREUX

J.-B. DE LA SALLE

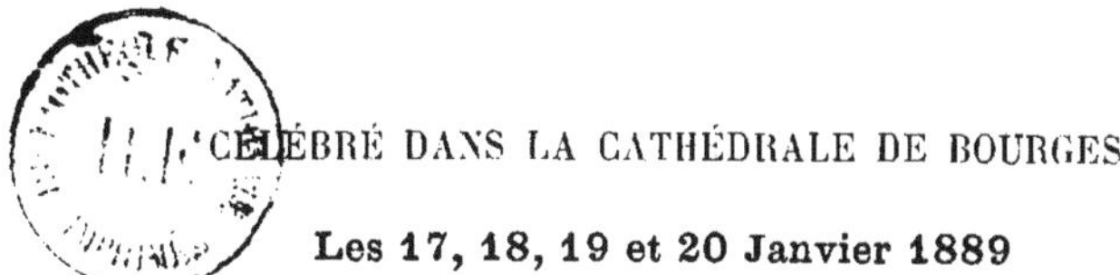

CÉLÉBRÉ DANS LA CATHÉDRALE DE BOURGES

Les 17, 18, 19 et 20 Janvier 1889

BOURGES

IMPRIMERIE TARDY-PIGELET

15, RUE JOYEUSE, 15

1889

TRIDUUM SOLENNEL

EN L'HONNEUR DU

BIENHEUREUX J. B. DE LA SALLE

CÉLÉBRÉ DANS LA CATHÉDRALE DE BOURGES

Le 19 février 1888, Notre Saint-Père le Pape Léon XIII rendait à Rome un décret conférant à l'illustre fondateur des Frères des Écoles chrétiennes le titre de Bienheureux. A cette nouvelle qui élevait sur les autels l'un de ses plus nobles enfants, l'une de ses plus pures illustrations, la France catholique tressaillit de joie. De toutes parts, ce ne fut qu'un concert unanime de louanges, pour acclamer le nom du nouveau Bienheureux. Paris, Reims, Rouen, Lyon, Bordeaux célébrèrent en son honneur des fêtes solennelles. Cent autres villes imitèrent leur exemple. Bourges, qui doit tant aux fils spirituels de Jean-Baptiste de La Salle, ne pouvait pas rester étrangère à ces manifestations. Comme les autres villes, elle vient de payer au nouveau Bienheureux son tribut d'hommage et de reconnaissance ; elle vient d'avoir son Triduum.

Les manifestations religieuses dont nous avons été témoins à cette occasion sont de celles qui remuent et réjouissent les cœurs. Sans doute, elles ont été solennelles et grandioses, comme tout ce qui se passe sous les voûtes de notre belle cathédrale. Elles ont été surtout fort touchantes. Ce caractère, elles le doivent à ce que, selon l'heureuse pensée de Mgr l'Archevêque, elles ont consisté avant tout en fêtes d'enfants. Jean-Baptiste de La Salle a été et l'éducateur et l'ami des enfants : il était donc juste de le faire acclamer, chanter, glorifier par les enfants. Voilà ce qui a donné à ce Triduum un charme tout particulier; voilà ce qui l'a rendu si animé, si joyeux, si plein d'entrain.

Comme l'on voit, au lever du soleil, des milliers de petits oiseaux quitter leurs nids et s'envoler en faisant résonner l'air de leurs douces chansons, ainsi l'on eut pu voir, chaque jour du Triduum, des foules d'enfants sortant de toutes les écoles, se précipiter en troupes joyeuses vers la Cathédrale et en remplir la vaste enceinte. On en comptait plus de 1,600. C'étaient, pour les garçons, en première ligne, comme les privilégiés de la fête, les 600 élèves des deux écoles des chers Frères, l'école Saint-François et [1] Saint-Laurent, conduits par leur supérieur, le frère Générose, depuis longtemps si connu et si apprécié à Bourges. Après eux, les élèves de la maîtrise métropolitaine et ceux de l'école libre Notre-Dame. C'étaient, pour les petites filles, les élèves des deux grandes écoles des Sœurs de la Sainte-Famille, de l'école de Marie-Immaculée, du Sacré-Cœur et des Dames Ursulines.

On peut aisément se figurer quel spectacle offrait la grande nef de la Cathédrale remplie par cette multitude d'enfants, de jeunes gens et de jeunes filles, priant et chantant avec le plus admirable entrain !

Mais, à ces réunions d'enfants, il fallait un cadre qui

[1] L'école primaire supérieure Saint-Laurent.

fût en harmonie avec leurs goûts et avec leur nature. Ainsi l'avait compris l'habile décorateur, le Frère Amédée, auquel nous devons offrir ici nos félicitations et nos remerciements. Venu exprès de Paris pour préparer la décoration de la Cathédrale, il l'a fait avec un zèle et surtout un goût que tout le monde a admiré. Comme dans la nature, les nids d'oiseaux reposent au milieu du feuillage, il avait suspendu sur la tête des enfants d'immenses guirlandes de verdure, où se détachaient des roses de différentes couleurs, et qui, pendant entre les arcs des piliers, les reliaient tous ensemble depuis les grandes orgues jusqu'au fond de l'abside. De plus, entre chaque pilier étaient suspendues de grandes oriflammes jaunes, vertes, bleues, roses, portant, les unes, le chiffre du Bienheureux, les autres, ses armes de famille, d'autres enfin cette invocation : « *Bienheureux Jean-Baptiste de la Salle, priez pour nous.* » En outre, à chaque pilier pendaient de grands écussons. Sur ceux-ci brillaient les armes du Bienheureux, sur ceux-là, le chiffre de l'Institut des Frères, l'étoile avec l'exergue : « *Signum fidei* ». On y avait, par une idée heureuse et délicate, mêlé les armes de Mgr l'Archevêque, de Mgr de Sinope, celles de Bourges et de Jacques Cœur, son noble enfant, celles du Berry et de sa glorieuse patronne, sainte Solange, et enfin, entre les deux derniers piliers, au fond du chœur, les armes de S. S. Léon XIII. C'était comme l'image de l'Église et de la patrie s'unissant dans un touchant accord, pour glorifier celui qui fut à la fois un grand serviteur de Dieu et de la France.

Tout cet ensemble de décorations convergeait vers un immense tableau suspendu au-dessus du maître-autel, à la hauteur des premiers vitraux. Ce tableau immense

(12 mètres sur 6) représentait le Bienheureux de la Salle en extase et montant au ciel environné de milliers d'anges. En haut du tableau on lisait ces lignes qui renferment son éloge : « *Qui ad justitiam erudiunt multos, fulgebunt quasi stellæ in perpetuas æternitates* », et au bas cette parole de Notre-Seigneur : « *Sinite parvulos ad me venire* ». Ainsi, ce n'étaient pas seulement les enfants, mais pour ainsi dire, c'était la Cathédrale tout entière qui redisait, par ces fleurs, ces oriflammes et ces bannières, la gloire du Bienheureux.

Après avoir parlé de l'assistance et des décorations, disons maintenant quelques mots des cérémonies qui ont eu lieu pendant ces trois jours.

JEUDI, 17 JANVIER

C'est le premier jour du Triduum qui commence. A neuf heures et demie, le gros bourdon de la Cathédrale résonne, convoquant les enfants des écoles à la messe d'ouverture. En moins d'un quart d'heure, la nef est remplie depuis le chœur jusqu'aux grandes orgues; le saint sacrifice commence. Il est célébré par M. l'abbé X. d'Haranguier de Quincerot, Chanoine-Archiprêtre. Après avoir été le premier à la peine de l'organisation, il était bien juste qu'il fût le premier à l'honneur, en présidant lui-même l'ouverture de ces fêtes.

Durant la messe, les enfants exécutent une cantate au Bienheureux et plusieurs cantiques populaires.

La messe est à peine terminée, que Mgr l'Évêque de Sinope apparaît. Sa Grandeur monte sur les degrés de l'autel et adresse quelques paroles de cœur aux enfants : « Ces fêtes, dit-Elle, ne doivent pas consister seulement « dans ces réunions extérieures, dans ces manifesta- « tions solennelles. Il faut songer à en profiter pour se « sanctifier. C'est pourquoi le Triduum se terminera par « une communion générale. Il faut y penser et surtout « s'y préparer. » Après ces quelques mots, Sa Grandeur bénit tous les enfants, en son nom et au nom de Mgr l'Archevêque, et leur donne rendez-vous pour la cérémonie de l'après-midi.

Bien avant l'heure indiquée, la cathédrale est envahie. De toutes parts arrivent des groupes d'enfants, bannières déployées. La plus grande animation règne dans la nef. Deux heures sonnent : aussitôt Messieurs les élèves du Grand-Séminaire entonnent les cantiques du Bienheureux, dont le refrain est repris par les mille voix des enfants : « *Gloire à Jean-Baptiste de La Salle !* » ont-elles chanté. Mais cette gloire, c'est l'heure aussi de la redire, de la célébrer du haut de la chaire. Ce soin a été confié à M. l'abbé Bosc, vicaire de la Cathédrale.

Il s'exprime en ces termes :

« *Et ait pueris suis : Hic est Joannes*
« *Baptista.* »

Et, s'adressant aux enfants qui l'entouraient, il leur dit : Celui-ci, c'est Jean-Baptiste.

(Évangile selon saint Matthieu, chapitre XVI, verset 12.)

MONSEIGNEUR[1],

MES CHERS ENFANTS.

Il y a quelques semaines, vous étiez rassemblés ici pour rendre hommage à un jeune et aimable Saint dont on célébrait la canonisation[2]. Aujourd'hui, vous voici de nouveau réunis dans cette enceinte. La vieille cathédrale a repris sa parure de fête. Cet autel a été redressé et il a revêtu son riche décor. Pourquoi cette nouvelle solennité? Quel est ce nouveau serviteur de Dieu aux pieds duquel vous êtes convoqués? Ce nouveau serviteur de Dieu, vous répondrai-je avec l'Évangile, ne s'appelle plus simplement Jean, mais Jean-Baptiste. Ce n'est plus Jean Berchmans, le saint patron des écoliers chrétiens; c'est le bienheureux fondateur et père des Frères de la Doctrine chrétienne, de La Salle Jean-Baptiste : « *Hic est Joannes Baptista.* »

C'est de lui qu'on m'a chargé de vous parler. Toutefois, ce n'est pas son panégyrique que je vous apporte.

[1] S. G. Mgr A. Marchal, évêque de Sinope, auxiliaire de Bourges.

[2] Fête solennelle en l'honneur de saint Jean Berchmans, célébrée dans la cathédrale de Bourges, le 15 décembre 1888, par tous les enfants des écoles libres de la ville.

Je viens simplement, ce soir, à l'ouverture de ces fêtes, le saluer avec vous. Son image attire vos yeux ; qu'elle attire surtout vos cœurs. Regardez-la pour l'admirer, mais regardez-la aussi pour rendre vos hommages à celui qu'elle représente, car ces hommages vous les lui devez à un triple titre : au titre de saint béatifié, au titre de bienfaiteur insigne et au titre d'illustre compatriote.

C'est ce que je viens vous dire, mes enfants, en vous invitant tous à incliner vos fronts devant cette image et à la saluer tour à tour, et comme enfants de l'Église, et comme enfants de l'École, et comme enfants de la France : « *Et ait pueris suis : Hic est Joannes Baptista.* »

I

C'est au titre de saint que Jean-Baptiste de La Salle mérite d'abord vos hommages.

Oui, il est saint. Un des premiers caractères par lesquels se manifeste en effet la sainteté, c'est la pratique parfaite et complète des vertus chrétiennes. Or ces vertus, vous dirai-je avec un de ses plus éloquents panégyristes[1], non seulement Jean-Baptiste de La Salle les a toutes possédées, mais il les a pratiquées jusqu'à l'héroïsme. Sa foi, son espérance, sa charité se sont révélées par des traits extraordinaires. Sa mortification est allée jusqu'à l'anéantissement de sa chair ; sa patience, jusqu'au martyre ; son zèle, jusqu'à se faire anathème

[1] Mgr Besson. — Panégyrique du Bienheureux J.-B. de La Salle, prononcé à Bordeaux, le 16 mai 1888.

pour ses frères; sa mansuétude et sa douceur, jusqu'à redoubler de bonté envers ceux qui l'accablaient d'injures. La croix seule lui servit de règle. Il fut pauvre par choix, pacifique par excellence, miséricordieux sans mesure. Il s'est élevé au rang des anges par sa pureté angélique. Il a obtenu, à force d'avoir soif de justice, d'être rassasié et comblé de gloire. Bref, toutes les béatitudes comme toutes les vertus concourent à former son portrait. Comment donc, après cela, douter de sa sainteté?

Oui, il est saint; prouvons-le cependant encore. Après la pratique héroïque des vertus, un autre caractère par lequel se révèle la sainteté, c'est le pouvoir d'opérer des miracles. Or ce pouvoir, Jean-Baptiste de La Salle l'a possédé et en a usé avec quelle plénitude, vous allez l'entendre. Des guérisons aussi subites que merveilleuses : tels sont les miracles qui ont pour jamais illustré son nom et manifesté sa puissance auprès de Dieu. C'est d'abord une humble fille d'Orléans, du nom de Victoire Ferry, qui obtient, par son intercession, la guérison instantanée d'une maladie incurable dont elle souffrait depuis douze ans. C'est un Frère de la Compagnie de Saint-Nicolas-des-Champs, à Paris, le Frère Adelminien qui, après une neuvaine de prières, recouvre subitement le libre usage de ses jambes et de ses pieds dont l'avait privé un refroidissement et que les eaux thermales les plus efficaces n'avaient pu lui rendre. C'est enfin un jeune enfant de dix ans, Étienne de Suzanne, atteint d'une affreuse maladie de consomption, lequel, comme le Frère Adelminien, après une neuvaine de prières au tombeau du Bienheureux, recouvre, à la plus grande joie de ses parents qui le pleuraient déjà, et à la plus grande stupéfaction des médecins qui l'avaient irrémissiblement condamné, recouvre, dis-je, les forces, le sang et la vie et publie encore aujourd'hui, aux yeux de la ville de Rouen témoin de sa florissante santé, le puissant crédit de son intercesseur auprès de Dieu. Combien d'autres faits semblables ne pourrais-je pas citer? Mais ceux-là suffisent — et l'Église dans son procès n'en a point cherché d'autres, — pour affirmer la sainteté de Jean-Baptiste de La Salle.

Oui, il est saint, il est saint; et ce qui le prouve authentiquement, ajouterai-je enfin, c'est le titre même de Bienheureux que l'Église, par l'organe de Léon XIII, son chef suprême, lui a naguère solennellement décerné, car, comme l'enseigne Benoît XIV, les honneurs de la béatification n'ont pas d'autre fondement que l'éminence des vertus ; ce qui le prouve authentiquement, ce sont ces honneurs publics qui lui sont rendus par les fidèles et les ministres de l'autel, car dans le temple de Dieu, nul n'a droit à partager avec sa majesté trois fois sainte l'encens et la prière, s'il ne porte sur son front quelque rayon de la même sainteté.

Eh bien, mes enfants, voilà pourquoi d'abord, en votre qualité de chrétiens et d'enfants de l'Église, vous devez vous incliner devant cette image, la saluer de votre respect et de votre vénération, car c'est l'image d'un saint, d'un saint riche en vertus et en mérites, d'un saint puissant en œuvres merveilleuses, d'un saint couronné par l'Église sur la terre, et couronné par Dieu dans le ciel, l'image en un mot du Bienheureux Jean-Baptiste de La Salle : « *Hic est Joannes Baptista.* »

Mais, n'eût-il pas sur son front cette auréole de la sainteté, que vous devriez encore lui rendre hommage à un autre titre, au titre de Bienfaiteur insigne. Écoutez.

II

En appelant Jean-Baptiste de La Salle votre bienfaiteur insigne, je ne vous trompe point, mes enfants; car c'est à lui que vous êtes redevables du plus grand et du plus précieux des bienfaits, après celui de la vie, le bienfait de l'instruction. Sans doute, avant lui, l'Église n'avait jamais failli à sa mission d'éducatrice. L'existence des écoles cléricales et presbytérales au moyen-âge prouve sa préoccupation constante à vouloir distribuer l'instruction à tous. Tous, cependant, malgré ses soins, ne la recevaient pas et ne pouvaient pas la recevoir. Il y avait bien des écoles, mais l'école populaire n'existait pas. Elle était à fonder. Qui se chargera de cette œuvre? Qui en comprendra la nécessité et les exigences? En un mot, qui la fondera? Dieu y pourvut, mes enfants, en suscitant au dix-septième siècle Jean-Baptiste de La Salle.

Oui, fonder l'école populaire, ce fut sa mission ici-bas. Mais, comment l'a-t-il fondée? Entendez-le, par trois actes : un acte de charité sublime, un acte d'intelligence supérieure et un acte de sagesse profonde.

Un acte de charité sublime, ai-je dit d'abord.

A cette époque, pour donner l'instruction, les maîtres d'école se faisaient payer et même payer fort cher. Qu'en résultait-il? C'est que les enfants des ouvriers et des pauvres, ne pouvant fournir de rétribution, demeuraient sans instruction. Eh quoi! rester dans l'ignorance parce qu'on est pauvre! Cette pensée émut le cœur de Jean-Baptiste de La Salle. « Pauvres petits, se dit-il, ils n'ont rien ;

« leurs parents sont privés de ressources et ne peuvent « les faire instruire : eh bien, il faut les instruire pour « rien ! » Et le voilà aussitôt qui réunit autour de lui tous les enfants qu'il trouve, les plus pauvres, les plus grossiers, les plus abandonnés. Il leur ouvre ses bras, il leur ouvre son cœur. Il les reçoit et les installe dans sa maison et il leur fait la classe, du matin jusqu'au soir. De Reims il va à Rouen, de Rouen à Paris, puis à travers la France, et dans cent endroits il propage son institution en se faisant bénévolement l'instituteur des petits enfants. Certes, il se produit plusieurs occasions où il pourrait réclamer une légère rétribution : c'est quand lui et sa communauté n'ont plus de ressources et presque rien à manger. Mais non ; il ne demandera rien. Même devant la nécessité, il veut continuer à n'enseigner que pour l'amour de Dieu. O zèle, ô charité vraiment sublimes ! Grâce à lui donc, l'enfant du pauvre et de l'ouvrier aura son école et son enseignement comme le fils du noble et du bourgeois. Il ne pouvait payer son instruction : le cœur de Jean-Baptiste de La Salle a résolu le problème par la gratuité. Son école sera l'école gratuite et son enseignement sera l'enseignement gratuit.

C'est la charité qui a commencé la fondation de l'école populaire ; mais c'est le génie qui présidera à son organisation.

L'enfant de l'ouvrier et du pauvre ne peut généralement, et ne pouvait en particulier, au dix-septième siècle, moins encore que dans notre temps, faire un long séjour à l'école. La situation et les besoins de la famille l'appelaient, le plus souvent, de bonne heure au travail. Or, la méthode scolaire en vigueur à cette époque, était pour lui, autant que la rétribution, un obstacle à son instruction. C'était alors la coutume d'étudier en premier lieu le latin. L'enfant apprenait ses lettres, faisait ses exercices de lecture dans les livres latins. Puis, quand il savait lire couramment, à ce moment-là seulement, on lui mettait en mains les livres français. Que d'heures, que de jours perdus à cette étude préliminaire qui, en définitive, ne devait servir à rien! Jean-Baptiste de La Salle comprend du premier coup d'œil le vice de cette méthode, et il prend comme règle de la sienne ces deux mots : facilité et rapidité. Que ne fait-il pas pour les mettre en pratique? Il commence, malgré les protestations des vieux maîtres d'école, des ecclésiastiques et même des évêques, par abandonner le latin et les livres latins. Il veut que ses élèves n'aient, dès le principe, d'autres livres entre les mains que ceux de leur langue maternelle. C'est le français qu'ils devront plus tard lire, écrire, parler; c'est le français, la langue de leur pays, la langue du commerce et des affaires; c'est donc lui qu'il leur faut surtout connaître et conséquemment avant tout apprendre. Mais il y a plus. Non seulement Jean-Baptiste de La Salle veut enseigner vite, mais aussi d'une façon intéressante et profitable à tous. Dans ce but, il invente cette merveilleuse méthode qui a conquis les suffrages de tous les hommes éclairés et servi de modèle à l'organisation de toutes les grandes écoles, la méthode de l'enseignement simultané qu'il substitue à celle de l'enseignement mutuel. Or, voilà ce qu'après les maîtres dans l'éducation, j'appelle un acte d'intelligence supérieure, une œuvre de génie. Comme cette méthode, en effet, répond bien à tous les besoins de l'enfant, et comme elle y satisfait admirablement! L'enfant n'a que peu de temps à passer dans l'école : eh bien, durant ce peu de temps, on ne lui apprendra que la langue et les connaissances littéraires et scientifiques dont il a besoin. De ce temps si court et si précieux, l'enfant abandonné à lui-même peut encore, par sa légèreté et son inaction, en perdre une partie; mais on ne le laissera jamais travailler seul. Qu'il lise ou qu'il écrive, toujours il sera sous l'œil de son maître, toujours il entendra son enseignement, écoutera ses explications, pourra lui demander avis, et de plus, tous ceux qui l'entourent profiteront de son travail, comme lui profitera du travail des autres. Quelle sauvegarde pour lui! Que de temps gagné! Que de facilités ménagées pour son instruction! Aussi, par son intelligence des besoins de l'enfant, par ses sages dispositions, par la simplicité et tout à la fois le génie de sa méthode, Jean-Baptiste de La Salle a résolu encore ce problème de l'instruction des enfants du peuple : rendre l'enseignement rapide autant que facile; et son école, grâce à cette organisation habile, est devenue, reconnaissons-le de nouveau, une école vraiment populaire.

Mais à cette école, il fallait des maîtres qui fussent eux-mêmes populaires. Laissez faire. Avec une sagesse admirable, Jean-Baptiste de La Salle saura trouver le moyen de leur donner ce caractère. Dans ses méditations au pied de son crucifix, il a appris que rien ne rend plus populaire que le dévouement : eh bien, c'est sur cette vertu divine qu'il bâtira son œuvre et il la donnera, avec la foi, comme devise à son Institut. Les enfants, toujours les enfants, rien que les enfants : voilà quel doit être, après Dieu, l'unique et constant des soins des Frères de Jean-Baptiste de La Salle. Pour pouvoir les aimer seulement, ils doivent briser tout lien et renoncer à tout espoir de famille. Pour pouvoir se donner à eux complètement, ils doivent tout quitter ici-bas et épouser l'humilité et la pauvreté. Pour pouvoir leur consacrer entièrement leur temps, ils doivent s'interdire toute étude étrangère à leur profession, même l'étude de la langue de l'Église. Pour n'appartenir enfin qu'à ces enfants, être de corps et d'âme à leur mission près d'eux, ils doivent s'engager par vœu à les servir toute la vie. N'est-ce pas là, je vous le demande, le dévouement complet et absolu? Ainsi Jean-Baptiste de La Salle a-t-il compris le rôle et la vie du Frère des Écoles chrétiennes. Or c'est ce que j'appelle un acte de profonde et admirable sagesse. Quel moyen plus efficace en effet pour rendre son école populaire! Aussi bien, les faits sont là pour en témoigner; et encore aujourd'hui, à l'heure actuelle, l'école la plus aimée et la plus estimée des familles, c'est la vôtre, ô chers Frères! parce que, si d'autres peuvent lutter avec vous pour le nombre des élèves et les succès dans les examens, il n'en est point cependant qui puissent, je ne dirai pas vous surpasser, mais même vous égaler pour votre dévouement envers les enfants du peuple!

Ah! reconnaissez-le donc: maîtres, méthode, mode de diffusion, tout dans l'école de Jean-Baptiste de La Salle correspond aux besoins de l'enfant du peuple. C'est donc bien à lui que revient la gloire de l'avoir fondée. Voilà pourquoi, mes enfants, vous devez une seconde fois, en votre qualité d'enfants de l'École, vous incliner devant cette image et la saluer avec respect et reconnaissance, car c'est l'image du fondateur de ces classes dans lesquelles vous êtes si bien instruits, l'image du père de ces chers Frères qui se dévouent avec tant de zèle à votre éducation, l'image enfin pour vous d'un bienfaiteur insigne, Jean-Baptiste de La Salle, le grand éducateur populaire : « *Hic est Joannes Baptista.* »

Mais ne le regarderiez-vous pas comme votre bienfaiteur insigne, que cependant vous lui devriez encore hommage ; car un homme ne fonde pas une pareille œuvre, sans illustrer son pays et s'illustrer lui-même. Ainsi en est-il de Jean-Baptiste de La Salle. Il a été un grand homme, un grand Français. Montrons-le en terminant. C'est son troisième et dernier titre à recevoir nos hommages.

III

Quel siècle que celui où est né et a vécu Jean-Baptiste de La Salle ! Sur le trône, Louis-le-Grand. Autour de lui, toute une pléiade de génies : génies dans la guerre, génies dans la poésie, génies dans l'éloquence ; et combien d'autres que j'omets. Or de tant de génies et de gloires nationales, que reste-t-il aujourd'hui ? Le trône du grand Roi est à jamais renversé ; les conquêtes des Condé et des Turenne sont depuis longtemps perdues ; les chefs-d'œuvre des Corneille et des Racine, des Bossuet et des Bourdaloue sont renfermés dans des livres que le plus grand nombre non seulement ne lit pas, mais ne connait même pas. Oui, de ce siècle fameux, je cherche quelque chose qui soit encore debout à cette heure, qui soit encore aujourd'hui vraiment populaire et je ne trouve rien, sinon deux œuvres de charité enfantées par l'Église, l'Œuvre de saint Vincent de Paul et l'Œuvre du Bienheureux Jean-Baptiste de La Salle. Or ce dernier, voilà pourquoi je le salue et vous devez tous le saluer ici avec moi, dans la fierté de notre patriotisme, comme un grand serviteur de la France.

Non, en l'appelant ainsi, je n'exagère rien. Comparons en effet ce que lui et ses contemporains ont fait ; voyons qui de lui ou de chacun d'eux a rendu les meilleurs services, fondé les œuvres les plus utiles et les plus durables, et contribué davantage au bien de ses concitoyens et à la grandeur de son pays.

Condé et Turenne ont chassé du sol de France ou ont empêché d'y rentrer les armées des peuples ennemis. Jean-Baptiste de La Salle lui, a chassé loin des enfants du peuple l'ignorance, l'ennemie la plus humiliante pour l'esprit et la plus dégradante pour le cœur de l'homme.

Corneille et Racine ont illustré la scène française par la peinture sublime des héros de la Grèce et de Rome. Jean-Baptiste de La Salle lui, a doté l'armée française de savants officiers, le commerce français de négociants entendus, l'industrie française d'habiles maîtres, et ouvert à la classe populaire la porte des grandes carrières et le chemin des grandes charges.

Bossuet et Bourdaloue, l'un avec le vol hardi et l'éloquence enthousiaste d'un Père de l'Église, l'autre avec la raison inflexible et convaincante d'un dialecticien consommé, ont prêché Jésus-Christ du haut des chaires royales et l'ont fait adorer à genoux par les grands et les princes de ce monde. Jean-Baptiste de La Salle lui, pour n'enseigner que le simple catéchisme, n'en a été ni moins éloquent, ni moins utile. Il a appris aux enfants du peuple à connaître, à aimer et à servir Dieu, à observer le Décalogue et les lois de l'Église ; il leur a appris le chemin du confessionnal et de la Table-Sainte ; et ses leçons continuées fidèlement par ses Frères, ont servi à former ces générations d'ouvriers et de pères de famille qui, au XVIIIe siècle, malgré le rire impie de Voltaire, malgré les scandales irréligieux de la noblesse et de la bourgeoisie, malgré enfin les négations et les destructions sacrilèges de la Révolution, ont su cependant garder, sinon intactes, du moins inébranlables au fond de leurs cœurs, la foi et l'amour de Jésus-Christ.

Aussi, le grand pape Léon XIII ne se trompait pas quand, après la cérémonie de la béatification, s'adressant aux évêques français qui l'entouraient, il leur dit : « Messeigneurs, c'est un beau jour pour la France ! » Oui, un beau jour ; car la France voyait alors couronné et glorifié l'un de ses plus nobles enfants, l'une de ses plus pures illustrations, l'un de ses plus grands serviteurs. Et ce serviteur quel était-il ? Un humble prêtre ! Oh ! Réjouis-toi, tressaille d'allégresse, ô Église de France, et chante gloire à Dieu ! Dans sa prescience infinie, il savait que des jours malheureux viendraient où l'on disputerait à ta tribu sacerdotale sa place au soleil de la liberté, où l'on déprécierait sa dignité surnaturelle et nierait audacieusement son utilité sociale. Il le savait, et par avance, il a voulu venger ton honneur et tes droits. Pour servir la cause qui tient le plus aux entrailles du peuple, il a choisi, non un homme du monde, non un simple laïque ; il a choisi l'un des ministres de tes autels, ô Église de France, pour montrer que le sacerdoce catholique est la source la plus féconde de la charité, qu'il n'a d'autre fin que le bien des individus comme des sociétés et prouver que, fût-on le plus humble des religieux et des prêtres, on remplit un rôle utile et on sert également son pays, qu'on le défende la toge sur la tête et les armes à la main ou qu'on apprenne aux petits enfants de l'école et du catéchisme à faire leur prière et à aimer Jésus-Christ. Gloire à Dieu donc et au Bienheureux Jean-Baptiste de La Salle ! Non, quoi qu'on dise et quoi qu'on fasse, rien n'empêchera que cet humble prêtre, par les services éminents qu'il a rendus à la cause de l'enseignement primaire, par le relèvement social et l'admissibilité aux charges publiques que lui et ses Frères ont provoqués dans les rangs du peuple, rien n'empêchera, dis-je, qu'il ne mérite le titre de grand serviteur de la France.

Voilà donc pourquoi, nous, ses compatriotes, nous, dans les veines de qui coule le même sang, le noble sang de France, nous devons une troisième fois, au nom de cette chère patrie, nous incliner devant cette image et la saluer en disant : « Honneur et gloire à celui qui a tant « aimé le peuple et si bien servi les intérêts de ses « enfants ! Honneur et gloire à Jean-Baptiste de La Salle, « l'illustre enfant et le grand serviteur de la France : « *Hic* « *est Joannes Baptista !* »

Il est raconté dans l'histoire romaine, mes enfants, que lorsque les combattants descendaient dans l'arène, ils allaient d'abord s'incliner devant l'empereur et, réclamant la faveur de son sourire comme un encouragement pour lutter et succomber vaillamment, ils lui disaient : « Salut, César, ceux qui vont mourir te rendent hommage : « *Ave, Cesar, morituri te salutant !* »

A l'heure actuelle, tous, évêques, prêtres, fidèles, nous sommes vraiment dans une arène, l'arène de l'enseignement libre et chrétien ; nous sommes les combattants de Dieu et de Jésus-Christ armés pour la défense de l'enfance chrétienne. Mais non, certes, dans cette lutte, nous ne voulons ni être vaincus, ni mourir. Nous voulons vivre et faire vivre avec nous nos écoles, qui sont le salut de l'Église et de la France. Voilà pourquoi nous sommes venus nous incliner devant vous, ô Jean-Baptiste de La Salle, et vous dire : « Salut ! Salut, ô saint Bienheureux ! Salut, ô Bienfaiteur insigne ! Salut, ô grand et « illustre Français ! Ceux qui veulent vivre et vaincre vous rendent hommage : « *Ave, victuri, te salutant !* » En retour de ces saluts et de ces hommages, envoyez-nous du haut du ciel un sourire ; un sourire qui nous encourage, nous fortifie, nous fasse triompher et qui soit pour ces enfants, pour vos chers Frères, pour nos écoles, pour nous enfin prêtres et fidèles, un sourire de grâce et de bénédiction.

C'est ce que tous nous attendons, Monseigneur, après que vos mains chargées de faveurs célestes se seront étendues sur nos têtes pour nous bénir.

Ainsi soit-il.

Après ce discours, s'organise une procession solennelle.

Le prédicateur avait exhorté les enfants à rendre hommage à Jean-Baptiste de La Salle. Ses conseils n'ont pas été vains : la procession l'a bien montré. Nous n'avons pu en être témoin sans éprouver la plus vive émotion et sans bénir Dieu de la gloire qu'il réserve à ses saints. On avait vu autrefois Jean-Baptiste de La Salle traversant les rues de Paris, de Reims, de Rouen, suivi d'enfants et de jeunes gens qui l'insultaient, l'injuriaient, se moquaient de son habit usé, de son manteau rapiécé, de sa chaussure grossière; mais aujourd'hui quel changement! Aujourd'hui, c'étaient des centaines d'écoliers endimanchés qui venaient se presser, joyeux, autour des précieuses reliques de ce même homme; c'étaient des milliers de voix faisant écho au son puissant des orgues, acclamant son nom dans d'harmonieux cantiques ou redisant en son honneur les belles strophes de l'*Iste confessor* et les versets inspirés du *Magnificat;* c'étaient enfin des troupes d'enfants, la croix du Sauveur à leur tête et les bannières des saints déployées, formant, avec un nombreux clergé et deux Évêques, un cortège vraiment triomphal à sa statue. Et quand, nous transportant par la pensée, de cette cathédrale dans toutes les autres églises de France, d'Italie, de Belgique, d'Angleterre, d'Espagne et des États-Unis où, depuis un an, les fêtes en l'honneur du Bienheureux n'ont cessé de succéder aux fêtes, nous voyions des milliers et des milliers d'enfants et de jeunes gens l'acclamer également, chanter aussi ses louanges, porter partout sa statue en triomphe, nous rendions grâce à Dieu, qui sait compenser d'une manière si éclatante les épreuves et les luttes que ses serviteurs ont eu à endurer ici-bas, et nous nous rappelions ces paroles du Prophète : « Ceux qui instruisent les multitudes pour les conduire « dans les voies de la justice, brilleront comme des « étoiles dans l'éternité. »

La procession terminée, toute la foule des enfants se groupe de nouveau autour de l'autel qui, soudain, s'illumine pour le salut du Très Saint-Sacrement. Cette cérémonie, à laquelle participait une foule de fidèles venus de tous les points de la ville, est présidée par M. l'abbé Le Saché de La Neuville, Vicaire général,

Président de l'Œuvre des Écoles, qui donne la bénédiction.

Le premier jour du Triduum est fini; mais, en disparaissant, il laisse après lui bien des joies et des consolations. Pieuses et belles réunions, nombreux concours d'enfants et de parents; le Bienheureux a été prié avec ferveur, chanté avec amour, célébré avec éloquence : que désirer de plus, sinon qu'il en soit ainsi le lendemain et le surlendemain? Ce désir n'a pas été trompé; et la deuxième journée du Triduum, comme on va le voir, n'a pas été moins édifiante et consolante que la première.

VENDREDI, 18 JANVIER

C'est un vendredi, et encore un Vendredi-Saint que, par une ressemblance frappante avec le divin Maître, Jean-Baptiste de La Salle sortit de ce monde pour monter au ciel. Mais, comme le dit l'Église, pour les saints le jour de leur mort ici-bas, c'est le jour de leur naissance dans l'éternité. C'est cette pensée qui domine en cette journée. Aussi, c'est la joie qui règne sur les visages et dans les cœurs.

Comme hier, la messe du Triduum a lieu à dix heures.

Elle est célébrée par M. l'abbé G. Paré, vicaire de la Cathédrale, auquel, par une attention délicate, M. l'Archiprêtre avait cédé sa place, comme un droit noblement acquis par son dévouement aux enfants du catéchisme de la paroisse.

Pendant ce temps, on exécute les cantiques où sont exaltés les combats et la gloire des Saints. Les combats, les épreuves, les contradictions : voilà bien, certes, le chemin par lequel le Bienheureux de La Salle est parvenu à la gloire.

A la fin de la messe, Mgr de Sinope vient de nouveau exhorter et bénir les enfants. Aujourd'hui Sa Grandeur leur rappelle en quelques mots ce que Jean-Baptiste de La Salle a fait pour eux. Elle les excite à le prier de tout cœur, d'abord pour qu'il protège les écoles chrétiennes, dont il est le fondateur, et ensuite pour qu'il leur accorde la grâce de bien profiter de l'enseignement religieux qui leur est donné, afin que non seulement pendant l'enfance et la jeunesse, mais toute la vie, ils soient et demeurent de fidèles et solides chrétiens.

A deux heures commence la même cérémonie que celle de la veille. Après un cantique au Bienheureux, exécuté par MM. les élèves du Grand-Séminaire, M. l'abbé Personnat, directeur de l'Institution Sainte-Marie, monte en chaire, et dans un langage châtié et éloquent, adresse au nombreux auditoire qui l'entoure la belle allocution suivante, que nous sommes heureux de reproduire :

Sinite parvulos ad me venire.
Laissez venir à moi les petits enfants.

Mes chers enfants,

Notre Seigneur Jésus-Christ est venu sur la terre pour enseigner la sainteté par ses paroles et par ses exemples. Il a dit ce qu'est un saint; il a été lui-même le Saint des saints, la sainteté tout entière. Tel est l'idéal proposé à tout homme venant en ce monde; il n'en est pas d'autre à poursuivre. Car le Sauveur l'a proclamé : Il est la voie, la vérité et la vie; nul ne peut aller à son Père qu'à sa conduite et sur ses pas.

Qu'il est beau pour l'homme d'avoir à marcher à la suite de son Dieu! Mais qui donc oserait tenter de gravir toutes les hauteurs où il s'est élevé? La tâche est trop grande pour notre faiblesse. Aussi le Seigneur Jésus pourra-t-il bien reconnaître tous ses traits dans l'ensemble de son Église, à travers les temps et à travers les lieux; mais chaque fidèle ne réalisera en sa personne qu'une partie de son divin modèle. Un chrétien a contemplé une des scènes, il a entendu une des paroles de l'Évangile, et son cœur a bondi dans sa poitrine, et il s'est élancé pour accomplir cette parole, pour reproduire cette scène; cet élan a persévéré jusqu'à sa dernière heure, et il est mort en saint, pour recevoir, au ciel, sa part du royaume éternel.

Tel a suivi Notre-Seigneur dans ses courses apostoliques; il l'a entendu demander des ouvriers pour les moissons, qui étaient prêtes à cueillir; il a laissé sa famille et même sa patrie pour voler à la conversion des âmes. Tel a vu le Sauveur guérir les malades, nourrir les foules affamées; il l'a entendu se prendre de pitié pour les misérables et les souffrants; et, pauvre lui-même par naissance et par volonté, il a opéré les miracles de la charité. C'est ainsi que toutes les œuvres et toutes les paroles de Jésus-Christ trouvent un écho dans la vie de l'humanité.

C'est ainsi qu'au XVIIe siècle un prêtre regarda avec complaisance la scène de l'Évangile où Jésus appelle à lui les petits enfants, où il recommande à ses apôtres de leur donner libre accès vers leur Sauveur. Ah! se dit le prêtre, l'Homme-Dieu aime les enfants; malgré leur turbulence et leur légèreté, il les veut près de lui; il me demande de les lui conduire. Je les lui conduirai. Et Jean-Baptiste de La Salle — car c'était lui — se leva; il alla où personne n'allait; il poursuivit les enfants les plus pauvres et les plus délaissés, à qui personne ne rompait le pain de l'esprit; il les rencontra dans les rues perdues des villes et dans les chemins solitaires des campagnes; il les mit sur son cœur et les porta sur le cœur de son divin Maître. Voilà comment Jean-Baptiste de La Salle imita le Saint des saints; voilà pourquoi il fut saint lui-même; voilà pourquoi, mes chers enfants, vous êtes ici rassemblés, pour rendre au Bienheureux Jean-Baptiste de La Salle un culte animé de reconnaissance et plein de confiance.

Reconnaissance! C'est une vertu du ciel, où les Anges et les Saints mettent leur bonheur à chanter, dans un hymne éternel, la grandeur et la bonté de Dieu. C'est aussi une vertu de la terre.

Nul, ici-bas, ne consent à passer pour un ingrat; chacun prend le reproche d'ingratitude pour la plus honteuse injure. La reconnaissance est si belle! C'est la voix du cœur qui fait écho au bienfait. Elle plaît dans le vieillard, elle plaît dans l'homme mûr; mais elle possède comme une grâce printanière, quand elle s'épanouit dans l'enfant. C'est pourquoi il est doux de vous parler de reconnaissance envers le Bienheureux Jean-Baptiste de La Salle. Que lui devez-vous donc?

Tout d'abord, l'instruction. L'ignorance est le châtiment du péché; elle répand dans l'âme la tristesse des ténèbres. Honneur à qui la repousse! Honneur à Jean-Baptiste de La Salle qui a, sinon créé pour la première fois, du moins organisé, développé et vivifié pour les siècles l'école populaire et gratuite! Mais il faut bien s'entendre. Petite ou grande, la science n'est qu'un instrument fait, comme tout en ce monde, pour servir au salut de l'homme, à la gloire de Dieu et de Jésus-Christ. Si elle prétend être elle-même son propre but, elle se pervertit, elle se dénature, elle s'obscurcit dans les fumées de l'orgueil, qui produit tout péché et tout mal; fausse clarté, cette science-là est pire que l'ignorance, contre laquelle elle ne déclame que pour lui ressembler.

Telle n'est pas l'instruction que donne le Bienheureux Jean-Baptiste de La Salle. Prêtre de Jésus-Christ, il a voulu pour l'enfant du peuple l'instruction véritable, l'instruction tout entière, l'instruction chrétienne ; et c'est le bienfait que mérite votre reconnaissance.

Mais, me direz-vous, chers enfants, ce bienfaiteur, nous ne l'avons pas vu : il n'est pas de notre temps ; il est mort. Non ! il n'est pas mort ; ou plutôt il a trouvé le secret de revivre après sa mort. Il vit dans son Institut, il vit dans chaque Frère des Écoles chrétiennes ; il vit dans votre maître, qui a pour vous même esprit et même cœur. Mort, le Bienheureux Jean-Baptiste de La Salle agit encore, et son action est un bienfait pour vous.

Grâce à lui, le maître qui vous ouvre l'alphabet, vous y montre d'abord les lettres du nom sacré de Dieu, du nom béni de Jésus !

Grâce à lui, le maître qui vous dit les destinées de votre patrie, ne met pas sa naissance dans une révolution qui fut une révolte ; il remonte plus haut, jusqu'au champ de victoire de Tolbiac, jusqu'au baptistère de Reims, afin que vous sachiez et que vous vous souveniez que la France est la fille aînée de l'Église.

Grâce à lui, le maître qui, sur une carte, vous fait parcourir le monde à travers les tribus et les peuples, sait nous rappeler que si, dans le temps et dans l'espace, l'homme s'agite, c'est Dieu qui le mène.

Grâce à lui, le maître qui vous enseigne les éléments des sciences mathématiques, vous indique, dans leur ordre et dans leur harmonie, le reflet de la vérité totale qui resplendit au sein de Dieu.

Grâce à lui, le maître qui vous parle des conditions et des obligations de votre séjour ici-bas, ne vous propose ni l'anéantissement dans la tombe, ni le doute amer et stérile sur l'avenir, mais l'espérance de l'éternité qui console et qui fortifie.

Grâce à lui, le maître qui éclaire votre esprit, n'oublie ni votre volonté ni votre cœur : par sa vigilance, il vous protège contre la tentation ; par sa prière et par sa vie mortifiée, il supplie Dieu de vous défendre contre tout mal et de vous affermir en tout bien.

Tel est, vivant et visible, le bienfait qui vous est donné. Que la reconnaissance, mes chers enfants, soit en vos cœurs, dont chaque battement doit dire un merci d'amour au Bienheureux Jean-Baptiste de La Salle pour le bienfait de l'instruction chrétienne.

Que la reconnaissance soit sur vos lèvres, qu'elle éclate dans vos chants, quand vos longues files se dérouleront dans les nefs de la Cathédrale, devant la statue de votre bienfaiteur.

Que la reconnaissance anime votre vie tout entière! Qu'elle ne soit pas un vain mot démenti par votre conduite. Fils et élèves d'un saint, que le mal n'ait aucune prise sur vous ; que tout en vous soit à l'honneur de votre maître et de votre bienfaiteur !

Reconnaissance, gloire, honneur et bénédiction au Bienheureux Jean-Baptiste, Fondateur de l'Institut des Écoles chrétiennes et Bienfaiteur de l'enfance !

Confiance ! c'est-à-dire sécurité et prière.

Qu'elle est pauvre et misérable, la gloire humaine, à regarder qui la reçoit et qui la donne ! Ce n'est pas toujours la vertu qui fait élever les statues sur les places, ou graver les inscriptions à l'entrée des voies publiques ; c'est parfois tout le contraire, et il n'est pas rare que le char des triomphes de la terre s'avance dans la fange et dans la boue.

Rien n'est plus léger aussi, rien n'est plus mobile que la passion aveugle et désordonnée, qui tantôt acclame et tantôt maudit son idole. Quoi de moins sûr que de s'associer à de pareils honneurs?

Tout autre est la gloire des Saints de l'Église. — Elle veut dans ses héros la pureté éclatante que la fidélité a conservée ou que la pénitence à reconquise. — Elle veut l'approbation et la consécration du temps ; elle ne se hâte pas, elle ne se précipite pas ; elle attend de longues années pour mettre l'auréole autour d'une mémoire qui a vaincu l'oubli. — Elle veut la patience la plus obstinée, la sévérité la plus scrupuleuse, la sagesse la plus éclairée et la plus calme dans les recherches, dans les enquêtes qui précèdent la décision suprême. — Elle veut plus encore ; elle veut le témoignage de Dieu lui-même ; elle attend qu'il parle par la voix souveraine du miracle en faveur de son élu.

Qu'elle est solide, mes chers enfants, cette gloire ? Quel téméraire refuserait de s'y associer ? — C'est la gloire du Bienheureux Jean-Baptiste de La Salle. Nous pouvons lui rendre notre culte en toute confiance. Cette gloire ne périra pas ; ni les lampes qui se sont allumées, ne s'éteindront, ni les voix qui ont retenti, ne se tairont. Le nom lumineux, que Léon XIII a inscrit au livre d'or de l'Église, brille d'un éclat immortel.

Mais ce Bienheureux, que vous glorifiez comme votre bienfaiteur, vous entend ; il peut et il veut être protecteur ; vous n'avez qu'à faire monter vers lui votre prière en toute confiance. Il est l'ami de Dieu ; il le voit, il habite à jamais avec lui ; il sait le chemin de son cœur. Présentée par lui, votre prière sera exaucée.

Priez donc ! Priez pour vous, afin que vous soyez bons, afin que votre conduite brille et édifie, afin que, plus tard, votre éducation porte tout son fruit, et que vous deveniez de vrais français et de vrais chrétiens.

Priez pour vos parents, afin que, clairvoyants pour vous, ils ne soient pas aveugles pour eux-mêmes, afin qu'ils pratiquent la foi qu'ils vous font enseigner, afin que vos familles soient réunies dans la même vie de l'âme et du corps, devant les hommes et devant Dieu.

Priez pour votre patrie, afin qu'elle n'oublie pas son

origine, afin qu'elle demande toujours à l'éducation chrétienne de ses enfants le secret de sa force et de sa grandeur.

Priez pour vos maîtres, afin que, méconnus et poursuivis par les hommes, comme leur Bienheureux Fondateur, Dieu les console et les maintienne à son service et au service de son peuple.

Priez pour le noble Pontife qui vous fait cette belle fête, et dont le cœur généreux vous a ouvert et vous conserve des écoles de liberté et de foi, afin que Dieu le bénisse en lui-même et dans celui qui est un autre lui-même à nos yeux.

Priez pour Léon XIII qui a proclamé la gloire du Bienheureux Jean-Baptiste de La Salle, afin qu'il voie le triomphe complet de la Papauté dans la lumière et dans la paix.

Priez pour l'Église, afin qu'elle soit libre, dans sa marche à travers le monde, de répandre les bienfaits du temps et de l'éternité.

Priez ! Dieu ne peut manquer d'être propice aux prières de l'enfance portées à son trône par le Bienheureux Fondateur des Écoles chrétiennes. Ainsi soit-il.

Cette allocution terminée, a lieu la procession. Elle ne le cède en rien à l'éclat et à l'entrain de celle d'hier. On sait que c'est aujourd'hui la dernière procession. On veut encore une fois acclamer le Bienheureux, entourer sa statue et lui former un cortège triomphal ; on veut encore une fois lui rendre hommage et vénérer ses précieuses reliques. Aussi, le nombre des enfants et des assistants est-il augmenté. Le Petit-Séminaire Saint-Célestin est venu s'ajouter aux autres écoles, et comme elles, honorer le Bienheureux, qui fut, durant sa jeunesse, un modèle accompli du séminariste, par sa pureté, sa docilité et sa grande piété.

Nous ne voulons pas recommencer ici le récit que nous avons fait hier; nous ne voulons pas décrire de nouveau ces longues files de petites filles et de garçons se déroulant majestueusement à travers les vastes nefs de la cathédrale; nous ne voulons pas redire le magnifique concert de ces mille voix faisant retentir les voûtes des cantiques et des hymnes sacrés, disons simplement que cette procession a été une des plus splendides manifestations dont nous ayons été les témoins. Gloire à Dieu donc et gloire aussi au Bienheureux!

Un salut solennel a suivi la procession. Il est chanté en plain-chant par les enfants et MM. les séminaristes. La bénédiction est donnée par M. l'abbé Sabardin, chanoine et supérieur du Petit-Séminaire.

Telles ont été ces deux journées du jeudi et du vendredi : journées fécondes en pieuses émotions, en édification, et sans nul doute aussi en abondantes bénédictions.

Toutefois, la journée de samedi devait encore les surpasser.

SAMEDI, 19 JANVIER

Faire régner Jésus-Christ dans les cœurs : telle est la sublime fin que Jean-Baptiste de La Salle s'est proposée en fondant l'École chrétienne. Or, le règne de Jésus-Christ s'établit dans les âmes principalement par la sainte communion. Aussi, les pieux organisateurs du Triduum avaient-ils pensé qu'on ne pouvait le couronner plus dignement que par une communion générale de tous les enfants.

Le samedi donc, troisième jour du Triduum, à 8 heures du matin, Mgr de Sinope, précédé du Grand-Séminaire, faisait son entrée dans la Cathédrale et venait célébrer solennellement la messe de communion. On connaît le beau et touchant spectacle qu'offre une cérémonie de première communion. Le même spectacle nous a été donné dans cette heureuse matinée. « Tes fils rangés au-« tour de ta table, s'écriait autrefois le Prophète royal, « en s'adressant à l'épouse fidèle, tes fils ressemblent à « de jeunes oliviers. » Ah ! qu'aurait-il donc dit s'il avait vu ces nombreux élèves, grands et petits, accompagnés de leurs maîtres et maîtresses, Frères et Sœurs, instituteurs et institutrices, venir s'agenouiller, avec une touchante unanimité, à la même table sainte et recevoir tous le même Dieu ? Anges du ciel, qui avez admiré ce spectacle, vous avez dit : « Gloire à Jésus et paix à nos

« frères qui communient ! » O Bienheureux de La Salle, qui avez vu tous vos enfants assis à ce divin banquet, vous avez dit : « O Dieu, soyez béni ! et gardez à jamais à « vous ces âmes dans lesquelles vous descendez ! » C'était aussi la prière qui s'échappait des lèvres de tous les assistants. Aussi, disons-le, parmi toutes les cérémonies de ce Triduum, aucune n'a été aussi recueillie, aussi édifiante que cette messe et cette communion générale ; aucune aussi, nous l'espérons, ne portera de meilleurs fruits. Pourquoi n'en est-il pas partout ainsi ? La religion, au lieu de les séparer, ne devrait-elle pas unir maîtres et élèves ? L'éducation ne devrait-elle pas faire des uns et des autres qu'un seul cœur et qu'une seule âme pour que, selon la parole de saint Paul, en tous il n'y en ait qu'un qui règne et qui soit glorifié : Jésus-Christ ? Plaignons ceux qui ne le comprennent pas ! Hélas ! ils ne savent ce qu'ils font. Nous, nous garderons le souvenir de cette communion édifiante qui, mieux que toutes les paroles, montre quelle grandeur incomparable la religion sait donner à l'école, en faisant d'elle le vestibule sacré de l'église. Nul doute que cet acte de foi n'attire sur les maîtres et les élèves de nos écoles les plus précieuses bénédictions ; car là où règne Jésus-Christ, règnent avec lui le travail et la vertu ! C'est ce que Jean-Baptiste de La Salle ne manquera pas de demander au ciel pour tous ces enfants qui l'ont si bien chanté et honoré. Non seulement ils en ont relevé l'éclat par leur présence, mais beaucoup y ont contribué en participant directement à la décoration. Ce sont, en effet, les élèves des Frères qui ont fourni généreusement les bougies avec lesquelles a cathédrale a été illuminée dimanche soir. Un grand nombre d'entre eux aussi n'ont pas fait difficulté de passer des nuits pour confectionner des guirlandes et peindre des oriflammes. Nous ne pouvons que les féliciter de leur zèle et de leur générosité; au Bienheureux de les en récompenser et de les bénir.

Il n'y eut pas, le samedi, d'autre cérémonie que celle du matin. Il fallait laisser libre l'enceinte de la cathédrale pour la préparation des solennités du lendemain.

Mgr l'Archevêque avait, en effet, décidé que le dimanche aurait lieu à la Cathédrale, pour toutes les Écoles libres et chrétiennes de la ville, une fête solennelle qui servirait en même temps de clôture au Triduum. Quelle clôture plus naturelle pouvait-on lui donner! Aussi cette dernière journée a été, par l'affluence et par la solennité, une vraie journée de triomphe pour le Bienheureux de La Salle et pour ses Frères; elle a été, en un mot, le digne couronnement du Triduum. Mais laissons parler encore ici la *Semaine Religieuse,* qui a raconté avec tant de charme et d'émotion les cérémonies de cette belle journée.

DIMANCHE, 20 JANVIER

Contrairement à ce qui s'était fait jusqu'ici, la fête des Écoles qui devait servir de clôture au Triduum célébré en l'honneur du Bienheureux J.-B. de La Salle, a eu, cette année, la plus grande solennité. Elle a commencé le matin, à dix heures, par une messe à laquelle assistaient, comme les jours précédents, tous les enfants des écoles libres de la ville. La messe est célébrée par Mgr de Sinope à un autel portatif établi à la porte du chœur. Mgr l'Archevêque assiste à sa stalle, entouré du vénérable Chapitre et du Grand-Séminaire. Au premier rang, devant l'autel, se tient le Très Honoré Frère Joseph, supérieur général de l'Institut ; puis, à droite et à gauche, MM. les membres du Comité de l'Œuvre des Écoles, et plus bas, en face la chaire, les Dames patronnesses. Tout le reste de la nef est rempli par la foule des enfants. Après la bénédiction, Mgr l'Archevêque monte en chaire et, en quelques paroles éloquentes, donne aux enfants les conseils les plus paternels pour les exciter à bien profiter de l'éducation chrétienne qui leur est donnée. Sa Grandeur adresse aussi ses remerciements aux Dames patronnesses pour le zèle avec lequel elles travaillent à l'Œuvre des Écoles. Tous se séparent, emportant la bénédiction du premier Pasteur ; mais c'est pour se retrouver, à 4 heures, plus nombreux que jamais, au pied de la chaire.

A ce moment, la cathédrale présente le coup d'œil le plus imposant. A la place des enfants, se presse une foule compacte, serrée, venue pour entendre le sermon. En face de la chaire surtout, on voit de nombreux hommes qui ont eu à cœur de répondre à l'invitation qui leur a été faite. A leur tête prennent place Mgr l'Archevêque, Mgr de Sinope, Messieurs du Chapitre, et immédiatement derrière eux les chers Frères, assez souvent cachés pour être au moins à l'honneur ce jour-là. Mgr d'Hulst, l'orateur annoncé, paraît en chaire. Ce n'est pas un inconnu pour nous. Les prêtres n'ont pas perdu le souvenir de la retraite ecclésiastique de 1885, et les laïques eux-mêmes, le souvenir de la première conférence faite à la salle Saint-Laurent, il y a quatre ans. L'orateur commence et dès les premiers mots l'auditoire est suspendu à ses lèvres. Aussi bien, le sujet qu'il annonce est-il de nature à intéresser son auditoire. Il vient plaider la cause des Écoles chrétiennes. « La France, « s'écrie-t-il, a besoin d'écoles chrétiennes ; la France « compte sur vos sacrifices pour lui en assurer le bien- « fait. » Telles sont les pensées qu'il exprime et qu'il développe pendant plus d'une heure.

Le sermon est à peine fini, que le fond de la cathédrale s'embrase soudain et resplendit de mille lumières, depuis le bas du maître-autel jusqu'à la voûte. Par les soins intelligents du Frère Amédée, un cadre long de quatorze mètres et large de sept avait été placé autour du tableau du Bienheureux, puis, au-dessous, une étoile rayonnante et enfin, à droite et à gauche de l'autel, deux grands chassis représentant l'un un B, l'autre un S, le tout garni de plus de six cents bougies. Or, c'était cette ornementation qui, en s'allumant tout à coup, inondait de clartés l'immense cathédrale. Au même instant, sous les voûtes illuminées retentit le *Te Deum* chanté par un chœur nombreux, auquel répondent les mille voix sonores et puissantes des grandes orgues. Tous les cœurs sont saisis ; les âmes palpitent de joie et d'enthousiasme. C'est le triomphe céleste du Bienheureux reproduit sur la terre ; et comme les anges au jour de son exaltation, le chœur entier entonne pour la première fois en son honneur l'antienne des Confesseurs non Pontifes et le célébrant récite l'oraison de son office. Un salut solennel, chanté par le Grand-Séminaire, met fin à cette splendide cérémonie et couronne dignement ces fêtes. Gloire à Dieu et à son serviteur, et qu'en retour de nos hommages, il verse ses bénédictions les plus abondantes sur nous tous ! « Bienheureux de La Salle, priez pour nous ! »

Certes, d'après les différents comptes-rendus que nous avons lus dans les journaux, il a pu ailleurs se célébrer des fêtes plus solennelles, plus retentissantes. Nous doutons cependant qu'il y en ait eu où la sympathie pour les Frères se soit montrée si grande qu'à Bourges. Le Très Honoré Frère Joseph en a été frappé ; et il a daigné en témoigner de vive voix toute sa reconnaissance. A notre tour, nous le remercierons d'avoir bien voulu honorer de sa présence la fête de nos Écoles. Il a pu juger par lui-même combien l'œuvre de ses Frères est sympathique à Bourges, combien leurs écoles sont florissantes et leurs enfants soumis et respectueux. Il est vrai qu'en un jour néfaste, ils ont été méconnus et chassés de leurs maisons ; mais la charité leur a ouvert l'asile de la liberté. On peut certes leur fermer encore cet asile : mais s'ils en avaient jamais douté, les fêtes de ce Triduum suffiraient à le leur rappeler, il en est un d'où jamais personne ne les chassera, c'est le cœur de leurs élèves et de leurs amis. Que le Bienheureux de La Salle l'entende et garde à la tête de nos écoles ses chers Frères, pour le plus grand bien des enfants, la plus grande gloire de Dieu, le triomphe commun de la religion et de l'instruction, de la science et de la foi : « *Signum fidei !* »

FIN

Le grand discours prononcé par Mgr d'Hulst, a été détaché et imprimé à part.

Bourges. — Imp. Tardy-Pigelet.

www.ingramcontent.com/pod-product-compliance
Ingram Content Group UK Ltd.
Pitfield, Milton Keynes, MK11 3LW, UK
UKHW020457180726
13839UKWH00004B/1817